PAIDEIA
ÉDUCATION

JULES VERNE

Le Tour du monde en quatre-vingt jours

Analyse littéraire

© Paideia éducation, 2020.

1 rue Honoré - 93500 Pantin.

ISBN 978-2-7593-1044-9

Dépôt légal : Novembre 2020

Impression Books on Demand GmbH

In de Tarpen 42

22848 Norderstedt, Allemagne

SOMMAIRE

BIOGRAPHIE

JULES VERNE

Jules Verne est considéré aujourd'hui comme le père de la science-fiction moderne grâce à ses romans d'anticipation scientifique. Le genre, fondé sur les perspectives positives et fantastiques du progrès technologique permettant la connaissance et la conquête des terres, des mers et du ciel, nait ainsi en 1863 avec son premier roman Cinq semaines en ballon.

Si tous ses ouvrages n'appartiennent pas à cette catégorie (l'auteur a notamment commencé sa carrière avec des pièces de théâtre), le fait est qu'il a accédé à la légende grâce à la série de ses Voyages Extraordinaires, soit 64 romans. Il est aujourd'hui encore l'auteur francophone le plus lu et le plus traduit dans le monde.

Né à Nantes le 8 février 1828, il est le fils de l'avoué Pierre Verne et de Sophie Allotte de La Fuÿe, issue d'une famille d'armateurs. Il sera le premier d'une fratrie de cinq enfants.

Après avoir étudié au Collège Royal de Nantes, son père le pousse en 1847 à apprendre le droit afin de reprendre sa succession. Il va donc à Paris, tant pour les études que pour se voir éloigné d'une femme dont il est épris mais qui est destinée à être mariée : Rose Herminie Arnaud Grossetière. Cette déception sentimentale, la première d'une longue série, marquera sa vie et son œuvre par la suite à tel point que certains parlent du « syndrome d'Herminie », à savoir l'apparition récurrente de la figure de la jeune fille mariée contre son gré.

Jules Verne suit consciencieusement son droit, mais sans grande conviction. Il rencontre Alexandre Dumas en 1848 et se lie d'amitié avec lui et d'autres auteurs. Il commence à partir de ce moment à fréquenter le milieu littéraire de l'époque en marge de ses études.

À dater de 1850 l'auteur commence à écrire des pièces de théâtre dont la première, Les Pailles Rompues, est donnée en représentation au Théâtre Historique alors géré par la famille Dumas. Le succès de cette pièce et des suivantes le pousse à se consacrer davantage à l'écriture contre l'avis de son père, qui voit là une lubie passagère.

Il finit par délaisser complètement le droit pour ses écrits. Il travaille comme secrétaire à partir de 1852 au Théâtre Lyrique ; s'il ne touche pas de salaire, il peut en revanche faire jouer ses pièces. À cette période, il fait la connaissance de l'aventurier Jacques Arago et rencontre de nombreux explorateurs et scientifiques qui lui donneront le gout du récit de voyage.

En 1857 il épouse Honorine de Viane, une jeune veuve rencontrée lors d'un mariage l'année précédente après de nombreux échecs sentimentaux. Elle a déjà deux filles et lui donnera un fils, Michel Verne, en 1861. Afin de nourrir sa famille, Jules Verne se voit forcé d'acheter une charge d'agent de change. Il continue en parallèle à concevoir des pièces de théâtre et à publier des nouvelles, surtout pour le journal Le Musée des familles où il peut se permettre d'adopter un ton grivois sans être censuré, ce qu'il ne pourra d'ailleurs plus se permettre par la suite lors du passage chez Hetzel – publication jeunesse oblige. Il y trouve plus d'agrément que dans son travail et l'avoue sans ambages, d'autant qu'il n'excelle pas particulièrement à son emploi comme le font remarquer ses diverses relations dans leurs témoignages.

C'est en 1962 qu'a lieu le tournant de sa carrière littéraire grâce à la rencontre avec son futur éditeur et ami : Pierre-Jules Hetzel, qui fut notamment l'éditeur de Victor Hugo. Jules Verne signe avec lui un contrat de 20 ans sur ses œuvres à venir, contrat qui au final s'étalera sur 40 ans. Le premier roman, Cinq semaines en ballon, parait en 1963 et rencontre un succès populaire immédiat. La suite de ses ouvrages ne tarde pas à paraître à un rythme régulier, notamment dans Le Magasin d'Éducation et de Récréation, journal destiné à la jeunesse tenu par son éditeur et Jean Macé.

En 1865 l'auteur et sa famille déménagent à Crotoy, Jules Verne finit par abandonner sa charge d'agent de change en 1867 pour se consacrer enfin à plein temps à l'écriture.

En 1868 il fait construire un bateau, le Saint Michel, puis le Saint Michel II en 1876 et le III en 1877, navire avec lequel il effectue quatre grandes croisières en Mer du Nord et en Méditerranée. Jules Verne voyage beaucoup et visite de nombreux pays tout au long de sa vie. Ces périples et tous ceux qu'il fera au cours de sa vie lui fourniront la matière première pour écrire ses romans.

Lors de la guerre franco-prussienne (1870), il officie en tant que garde-côte à Crotoy sans cesser d'écrire. La même année, il est fait chevalier de la légion d'honneur (il deviendra officier de la légion d'honneur en 1892). Il tentera également, mais en vain, d'entrer à l'Académie française avant de renoncer, écœuré, bien que ses œuvres soient reconnues comme remarquables par l'institution.

Il déménage à nouveau en 1872 pour s'installer à Amiens en Picardie, où il vivra jusqu'à sa mort.

La carrière de Jules Verne prend un nouveau tournant en 1886 avec le décès de P.J. Hetzel. La même année il se résout à vendre son bateau, le Saint Michel III pour des raisons financières, puis subit une attaque de la part de son neveu Gaston. Blessé à la jambe, il en gardera une claudication permanente jusqu'à la fin de ses jours. Touché par le décès de son ami, son enthousiasme pour la science en déclin, il réduit donc son activité littéraire.

En 1888, Jules Verne est élu conseiller municipal d'Amiens, il reporte son attention sur la vie de la cité durant les années suivantes. Sa santé déclinante et son âge commencent à constituer une contrainte non négligeable à l'écriture.

Il décède à Nantes le 24 mars 1905 d'une crise de diabète. Il est enterré à Amiens, au cimetière de la Madeleine. Les journaux de l'époque relatent que plus de 5000 personnes assistèrent à ses funérailles. Il laisse derrière lui plusieurs manuscrits non publiés, dont son fils Michel assurera la parution jusqu'en 1914.

PRÉSENTATION DU TOUR DU MONDE EN QUATRE-VINGT JOURS

Suite à un pari avec les membres du Reform-club, l'excentrique gentleman très ordonné Phileas Fogg se lance dans un périple insensé pour prouver qu'il est possible de faire le tour du monde en quatre-vingt jours grâce aux moyens de transport modernes. Anglais au sang froid que rien ne vient perturber, au profond sens du devoir et à l'état d'esprit quasi-mécanique, il emporte avec lui son domestique français Passepartout tout juste embauché.

Du canal de Suez aux terres de l'Inde, de Shangai à Yokohama, de la côte ouest à la côte est des États-Unis, bravant les océans, les jungles et des cultures étrangères, il fera face à tous les imprévus que comporte une telle entreprise sans se départir de son calme. C'est à peine si les interventions de l'agent de police Fix, qui veut lui mettre la main au collet pour un braquage dont il est suspecté, le perturberont.

Lorsque l'on pense à un récit de voyage, *Le Tour du monde en quatre-vingt jours* de Jules Verne fait partie de ces ouvrages qui encore aujourd'hui font référence. Le roman, qui a marqué – et continue de le faire via ses nombreuses rééditions – l'inconscient collectif des baroudeurs de tout poil, exalte l'esprit d'aventure et la volonté de repousser les limites du monde qui nous entoure grâce au progrès technique.

Le Tour du monde en quatre-vingt jours est le treizième roman de la série des « Voyages Extraordinaires » de Jules Verne. Il fut publié tout d'abord dans le journal *Le Temps* du 6 novembre au 22 décembre 1872, puis compilé en un seul volume en 1873 chez l'éditeur Pierre-Jules Hetzel.

RÉSUMÉ DU ROMAN

I – Dans lequel Phileas Fogg et passepartout s'acceptent réciproquement l'un comme maître, l'autre comme domestique

Introduction de Phileas Fogg, riche gentleman anglais, philanthrope discret à la vie très ordonnée. Il est membre du Reform-club, c'est la seule vie sociale qu'on lui connaisse. C'est un joueur qui joue pour le plaisir, non pour gagner.

Suite à un manquement à l'exactitude qu'il exige de ses valets, il congédie celui qu'il avait et attend son remplaçant : Passepartout, un français trentenaire surnommé ainsi en raison de ses talents d'ancien gymnaste de cirque. Après un bref entretien où Fogg lui signifie son désir de précision dans les horaires, il l'engage et s'en va au club.

II – Ou Passepartout est convaincu qu'il a enfin trouvé son idéal

Passepartout fait le bilan de son impression sur M. Fogg. Il le trouve pondéré, irréprochable, d'une régularité toute mécanique et tout à fait en adéquation avec son envie d'avoir un maitre respectable grâce auquel il puisse se poser. Il fait le tour de la maison pour se familiariser avec les lieux, mémorise l'emploi du temps qu'il va devoir suivre. Passepartout acquiert alors la certitude qu'il a trouvé la perle rare qu'il recherchait depuis son arrivée en Angleterre.

III – Ou s'engage une conversation qui pourra coûter cher à Phileas Fogg

Phileas Fogg passe la journée dans les salons du Reform-club, tout à sa régularité exemplaire. D'autres membres viennent le rejoindre après le dîner, ils font une partie de whist (jeu de cartes). Ils parlent du vol d'une banque qui a eu lieu récemment, dont le voleur court toujours avec une grande somme d'argent : 55 000 livres. Au cours du jeu, une discussion sur le fait que le tour du monde soit désormais possible en quatre-vingt jours a lieu, tous jugent cela impossible dans la pratique en tenant compte des imprévus d'un tel voyage, mais M. Fogg affirme que cela est possible et parie avec calme 20 000 livres sterling qu'il l'accomplira. L'assistance, incrédule, relève le pari : Phileas Fogg partira le soir même par le train de 20h45. L'horloge sonne 19h, il continue de jouer en affirmant être toujours prêt.

IV – Dans lequel Phileas Fogg stupéfie Passepartout, son domestique

M. Fogg rentre chez lui à 19h50, à la surprise de Passepartout qui ne l'attendait pas avant minuit. Son nouveau maître lui annonce qu'ils partent faire le tour du monde en quatre-vingt jours et qu'il doit préparer deux sacs légers pour partir aussitôt. Le valet est estomaqué et n'en revient pas mais s'exécute. Ils se rendent à la gare, Fogg a avec lui une bonne quantité de *bank-notes* pour financer leur voyage. Il donne ce qu'il a gagné au whist à une mendiante. Les membres du club viennent saluer le départ de leur ami. Le maitre et son valet s'installent dans le wagon ; Passepartout se rend compte qu'il a oublié d'éteindre le bec de gaz illuminant sa chambre, Fogg dit que cela lui sera facturé à leur retour.

V – Dans lequel une nouvelle valeur apparaît sur la place de Londres

Le projet devient connu du public, une telle entreprise suscite aussitôt une vague de paris pour ou contre Phileas Fogg, à tel point que sa réussite est cotée en bourse. Mais devant la folie du projet et l'impossibilité que clament les journaux, cette action baisse de jour en jour, seul un vieux lord reste preneur. L'action cesse d'être achetée lorsqu'un billet du détective Fix annonce depuis Suez qu'il file Fogg comme étant le voleur de banque dont tout le monde parlait.

VI – Dans lequel l'agent Fix montre une impatience bien légitime

À Suez, le 9 octobre, l'agent Fix attend l'arrivée du *steamship* Mongolia, à bord duquel il pense trouver le coupable du vol de la banque. Il discute avec le consul sur l'art de débusquer le filou parmi la foule, de la stratégie possible de ce dernier, puis attend seul que le bateau arrive, à l'heure pile. Un homme inconnu vient le voir pour lui demander où se trouve le bureau du consul, présentant un passeport correspondant au profil du voleur : c'est Passepartout qui vient faire signer celui de son maitre. Sur le conseil de Fix, il va chercher Fogg pour qu'il fasse signer lui-même le papier.

VII – Qui témoigne une fois de plus de l'inutilité des passeports en matière de police

L'agent Fix se rend dans les bureaux du consul, qui lui fait remarquer qu'il n'a aucune raison de refuser le visa à un citoyen britannique. Fix demande à tout le moins la possibilité de retenir l'homme qui va se présenter, le temps d'obtenir le mandat d'arrêt nécessaire, cela lui est refusé. Fogg et Passepartout se présentent à ce moment là pour obtenir le visa, Fix est obligé de les laisser partir, bien décidé à faire parler le domestique pour en savoir plus sur Fogg. Ce dernier, rentré à bord du Mongolia, fait le bilan du trajet déjà effectué depuis le 2 octobre : il sont parfaitement dans les temps par rapport à ce qu'il avait prévu.

VIII – Dans lequel Passepartout parle un peu plus peut-être qu'il ne conviendrait

L'agent Fix retrouve Passepartout et entreprend de le cuisiner sur les desseins de son maitre. Il essaye de convaincre le domestique d'adapter sa montre au fuseau horaire local, ce qui est poliment refusé. Le pari absurde que Fogg accomplit, ainsi que sa fortune d'origine inconnue achèvent de le rendre soupçonneux. Il se rend alors chez le consul, envoie la demande de mandat publiée dans les journaux (chap.5). Il s'embarque à son tour à bord du Mongolia pour mettre la main au collet de Fogg une fois arrivés à Bombay, territoire anglais.

IX – Où la Mer Rouge et la Mer des Indes se montrent propices aux desseins de Phileas Fogg

Fogg se contente de rester dans sa cabine durant la traversée, excepté pour des parties de whist. Passepartout, lui, sympathise avec Fix, qui s'ingénie à se rapprocher du domestique. Ce dernier déclare ignorer beaucoup de choses sur son maitre, mais ne cherche pas à en savoir plus, ce qui lui convient très bien. Fogg sort à Steamer Point pour faire signer son visa, revient à bord tandis que Passepartout est fasciné par ce qu'il entrevoit de ces lieux étrangers. Le Mongolia parvient à Bombay avec deux jours d'avance.

X – Où Passepartout est trop heureux d'en être quitte en perdant sa chaussure

Arrivés à 16h30 à Bombay, Fogg se prépare à prendre le train de 20h pour Calcutta. Fix va demander au consulat s'ils ont reçu le mandat d'arrêt demandé ; ce n'est pas le cas, il doit l'attendre. Sans s'intéresser à la ville, Fogg va viser son passeport puis se rend à la gare pour dîner. On lui sert une gibelotte de lapin, dont le gout est détestable : il sonne le maitre d'hôtel et l'accuse d'avoir servi du chat à la place. Cela fait il reprend son dîner. Pendant ce temps Passepartout fait quelques emplettes ; malheureusement dans son émerveillement et sa curiosité il entre dans la pagode de Malebar Hill, où il est interdit d'entrer chaussé ou d'y pénétrer si l'on est chrétien. Trois prêtres se jettent sur lui et lui arrachent ses chaussures avec violence. Le domestique réussit à fuir et rejoindre la gare à temps, Fogg ne fait aucun commentaire lorsqu'il lui raconte cette mésaventure. Fix, qui épie non loin de là, pense tenir là le moyen de les attraper : délit sur le sol indien.

XI – Où Phileas Fogg achète une monture à un prix fabuleux

Le train part à l'heure, Fogg et son domestique partagent leur wagon avec l'un des partenaires de whist du voyageur à bord du Mongolia : Sir Francis Cromarty, bon connaisseur de l'Inde. Ils discutent peu, cet homme se demande si un cœur bat sous la machinerie d'exactitude de Fogg. Il lui fait remarquer que ce qu'a fait Passepartout à Bombay est un délit qui risque d'entraver sa marche, Fogg réplique que dans ce cas Passepartout (alors endormi) purgera sa peine et que cela ne freinerait pas son projet. Passepartout commence à croire en celui-ci, se prête au jeu, oublieux de sa volonté de se poser. Soudain le train s'arrête : le tronçon entre le hameau de Kholby et Allahabad n'est pas encore fait, il faut nécessairement faire le trajet par ses propres moyens pour retrouver le chemin de fer. Fogg négocie à prix d'or un éléphant et un guide.

XII – Où Phileas Fogg et ses compagnons s'aventurent à travers les forêts de l'Inde et ce qui s'ensuit

Une première journée s'écoule paisiblement, la moitié du chemin est déjà parcourue, en évitant de croiser les habitants de la région, plutôt hostiles. Le lendemain, alors qu'ils ont de l'avance et qu'ils font une halte, ils se cachent pour ne pas être vus d'une procession funéraire. Ils y voient une superbe jeune femme qui va être sacrifiée par le feu dans le cadre d'un sutty, l'enterrement de son époux. Fogg, puisqu'ils ont de l'avance, se propose de la sauver lorsque le guide leur dit que ce sacrifice n'est pas volontaire comme il se devrait.

XIII – Dans lequel Passepartout prouve une fois de plus que la fortune sourit aux audacieux

L'équipe se rend près de la pagode où est enfermée la jeune femme, le guide la décrit comme une jeune femme brillante mariée contre son gré à un vieux rajah. Ils attendent le moment opportun, mais si de nombreux indiens sont enivrés par le *hang* (vapeurs de chanvre), les gardes et les prêtres, eux, veillent. La nuit s'écoule à chercher un moyen d'entrer, une tentative avorte. Au matin les prêtres mènent l'infortunée au bucher ; au moment où ils mettent le feu à la dépouille du rajah une silhouette se lève au milieu de la fumée et emporte la jeune femme sous les yeux des indiens frappés de stupeur : c'est Passepartout qui, ne voyant d'autre solution, s'est fait passer pour le rajah. Ils s'enfuient lorsque la supercherie est découverte.

XIV – Dans lequel Phileas Fogg descend toute l'admirable vallée du Gange sans même songer à la voir

L'éléphant parcourt la plaine jusqu'à Allahabad, Mrs. Aouda est encore droguée par les vapeurs de chanvre. Il est 10h, le train est à midi. Fogg remercie le guide en lui offrant généreusement l'éléphant, Passepartout parcourt la ville pour trouver des vêtements à celle qu'il a sauvée. Elle reprend connaissance dans le train, remercie ses sauveurs ; Fogg propose de l'emmener avec lui à Hong-Kong pour la mettre hors de portée de ses ennemis, elle accepte. Le train traverse le pays à travers la vallée du Gange, Sir Francis Cromarty les abandonne à Bénarès en leur souhaitant bonne chance. Fogg, aussi froid que d'habitude, effectue la traversée sans passion. Ils arrivent à Calcutta à 7h, le paquebot est à midi : l'avance de deux jours a été perdue, mais le tour du monde est dans les temps.

XV – Où le sac aux bank-notes s'allège encore de quelques milliers de livres

Lorsqu'ils arrivent à la gare, un policeman intercepte Fogg et Passepartout. Il les conduit en prison, puis au tribunal à 8h30. Arrivé avant eux à Calcutta, Fix est caché au fond : il a convaincu les prêtres de Bombay de porter plainte. Incrédules et se voyant rattrapés par cet incident qu'ils avaient oublié, les prévenus sont jugés coupables et doivent purger une peine de prison et payer une amende. Mais Fogg, toujours maitre de lui, offre 2 000 livres pour payer la caution, ce qui est son droit en tant qu'étranger. Ils repartent donc libres et embarquent à bord du Rangoon à 11h, au grand désespoir de l'agent Fix.

XVI – Où Fix n'a pas l'air de connaitre du tout les choses dont on lui parle

Le Rangoon traverse le golfe du Bengale sans incidents, Mrs. Aouda raconte son histoire, Fogg s'occupe d'elle avec sa politesse mécanique coutumière. De son côté l'agent Fix a embarqué aussi, bien décidé à attraper ses proies à Hong-Kong dans l'espoir de recevoir son mandat, car il sait qu'au-delà il n'agira plus en territoire anglais. Un télégramme aux autorités lors de l'escale à Singapore devrait suffire à l'aider. Il suppose que la jeune femme a été enlevée, il pense tenir là un moyen de chantage. Il renoue contact avec Passepartout, qui est ravi de sa présence mais dément l'enlèvement et raconte leur périple à un Fix désappointé.

XVII – Où il est question de choses et d'autres pendant la traversée de Singapore à Hong-Kong

Fix et Passepartout continuent de se voir à l'occasion, le Rangoon prend une demi-journée d'avance. Brève escale à Singapore, Fogg persiste dans son indifférence coutumière, contrairement à Passepartout. Celui-ci est intrigué par l'om-niprésence de Fix, il en vient à le considérer comme un agent du Reform-club voué à surveiller si le pari se déroule comme prévu. Il commence alors à jouer les sous-entendus avec Fix, qui se croit démasqué. Un jeu de dupes s'installe. Une fois dépassé Singapore, le temps devient mauvais, la prudence est de mise sur la mer agitée faute de quoi le navire sombrerait avec une grande facilité.

XVIII – Dans lequel Phileas Fogg, Passepartout, Fix, chacun de son côté, va à ses affaires

Le mauvais temps provoque un retard d'une vingtaine d'heures. Fix jubile, Passepartout s'emporte contre les aléas de la météo et Fogg reste impassible. Quand ils arrivent à Hong-Kong le 5 novembre à 13h, le pilote monté à bord du Rangoon annonce que le navire qui va à Yokohama a dû faire réparer l'une des chaudières et ne partira donc que le lendemain. Cela convient à Fogg qui voit ainsi son programme respecté, quoique décalé : rien d'insurmontable. Ils descendent à quai, on apprend que le parent de Mrs. Aouda qui pouvait la recueillir a emménagé en Hollande. Fogg propose qu'elle continue de les accompagner.

XIX – Où Passepartout prend un trop vif intérêt à son maitre, et ce qui s'ensuit

Passepartout explore la ville, rencontre Fix à nouveau. Il le nargue en lui demandant s'il se rend avec eux en Amérique, l'agent dit que oui, agacé par le mandat qu'il attend et qui n'est toujours pas arrivé. Ils vont réserver leurs cabines, le bateau part le soir même à 20h au lieu du lendemain comme prévu. Ils vont ensuite boire un verre dans une fumerie d'opium, Fix révèle sa vraie identité et essaye de convaincre Passepartout de l'aider à bloquer Fogg à Hong-Kong. Le serviteur refuse, mais il s'écroule sous l'effet de l'alcool et de la pipe à opium que Fix lui a fourrée dans la main.

XX – Dans lequel Fix entre directement en relation avec Phileas Fogg

Fogg, ignorant tout cela, dîne avec Mrs. Aouda, ne

s'inquiète guère de ne pas voir arriver son domestique. Il fait charger leurs bagages le lendemain matin et se rend sur les quais, impassible. Il découvre alors que le Carnatic à bord duquel il devait embarquer n'est pas là. Fix, qui est là, fait mine de s'en désoler à la manière d'un passager floué, mais s'en réjouit intérieurement. Toutefois Fogg ne se démonte pas et s'attache à trouver un autre bateau pour le mener à sa destination. Après trois heures de recherches il parvient à négocier avec John Bunsby, capitaine de la Tankardère, de les mener à Shanghai qui est le départ du bateau pour l'Amérique, en lieu et place de Yokohama. Passepartout ne réapparait pas, le bateau part, Fix accompagne Fogg à bord.

XXI – Où le patron de la « Tankardère » risque fort de perdre une prime de deux cents livres

La Tankardère suit les courants vers Shanghai, poussée par un vent favorable. Fix déteste devoir profiter de la générosité de Fogg. Le temps se fait mauvais, l'embarcation subit un typhon qui retarde la progression. Enfin en vue du port le 11 novembre à 19h, ils voient le navire américain quitter la rade. Fogg ordonne de mettre le drapeau en berne, signe de détresse, et fait tirer un coup de canon pour signaler leur présence.

XXII – Où Passepartout voit bien que, même aux antipodes, il est prudent d'avoir quelque argent dans sa poche

Retour sur Passepartout, passablement mal en point, à bord du Carnatic. On apprend qu'il est monté ivre à bord in extremis, croyant que son maitre s'y trouvait. Ce n'est que plus tard, une fois sobre, qu'il se rend compte que celui-ci ne s'y trouve pas puisqu'il n'avait pas l'information. Il jure de se venger de Fix, dont il devine la responsabilité dans les évènements. Effrayé, car désormais sans le sou ni moyen de communication, le domestique ignore comment il va faire une fois débarqué à Yokohama. Il y arrive quelques jours plus tard et visite la ville, découvre avec fascination l'ambiance du Japon. Le soir tombe, il est affamé.

XXIII – Dans lequel le nez de Passepartout s'allonge démesurément

Passepartout cherche un moyen d'obtenir un peu de monnaie. Il troque sa tenue contre celle que lui offre un brocanteur, avec quelques pièces en supplément. Une fois nourri, alors qu'il pensait proposer ses services sur un bateau à destination de l'Amérique, il croise le chemin d'un membre d'une troupe de cirque qui embarquera bientôt. Passepartout le suit, décidé à se faire engager. Le patron lui propose d'être clown. Durant le spectacle on l'affuble d'un long nez de bambou sur lequel auront lieu des acrobaties, cependant la pyramide humaine ainsi formée s'écroule lorsque Passepartout l'abandonne pour se précipiter sur Fogg qui était dans les gradins. Ils repartent ensemble.

XXIV – Pendant lequel s'accomplit la traversée de l'Océan Pacifique

Le General-Grant effectue la traversée du Pacifique et parvient à San Francisco dans les temps prévus. Les trajectoires des personnages se sont rejointes : la manœuvre de la mise en détresse de Fogg a porté ses fruits, et une fois à terre il avait activement cherché son serviteur. Mrs. Aouda s'attache de plus en plus à Fogg. Fix est à bord aussi, avec le mandat qu'il attendait tant, néanmoins il doit attendre d'être de nouveau en territoire anglais pour pouvoir s'en servir. Il se cache de Passepartout mais inévitablement un jour ils se croisent. Passepartout le rosse sur le pont ; Fix, vaincu, lui déclare qu'il a désormais tout intérêt à la réussite des projets de Fogg. À défaut d'être amis, ils seront désormais alliés. Le domestique le menace de lui tordre le cou s'il s'avise d'avoir de mauvaises intentions.

XXV – Où l'on donne un léger aperçu de San Francisco, un jour de meeting

L'équipe se rend au grand hôtel pour le déjeuner, Fogg fait viser son passeport par le consulat. Le train pour New-York part le soir à 18h, Passepartout va acheter quelques armes au-cas-où. Fogg se balade en ville avec Mrs. Aouda. Ils croisent Fix, qui se joint à eux et propose de les accompagner jusqu'en Angleterre pour ses 'affaires'. Ils se trouvent confrontés à un meeting, les deux camps adverses s'affrontent dans la rue. Pris entre les deux, Fogg et Fix protègent Mrs. Aouda, Fix s'interpose entre son suspect et un américain costaud et prend un coup au visage. Fogg traite ce dernier de yankee, l'autre d'englishman ; Fogg résout d'affronter en duel ce querelleur si l'occasion se présente. Ils réussissent finalement à échapper à la marée humaine, en loques. Le temps de retrouver des vêtements convenables ils se rendent à la gare. On apprend que le meeting était pour l'élection d'un juge de paix.

XXVI – Dans lequel on prend le train express du chemin de fer du Pacifique

Description du réseau ferroviaire américain, de l'ambiance et du wagon dans lequel se trouvent les personnages. La nuit s'écoule ; la journée suivante, tous observent le paysage au-delà de leurs fenêtres. Le train est arrêté pendant trois heures à cause d'une horde de bisons qui traverse la voie. Ils arrivent à 20h dans l'Utah.

XXVII – Dans lequel Passepartout suit, avec une vitesse de vingt milles à l'heure, un cours d'histoire mormone

Un révérend mormon donne une conférence sur sa religion dans le train, Passepartout s'y rend par curiosité. Le public s'en va au fur et à mesure, le domestique fuit le dernier devant la conviction du fanatique. Le train s'arrête à Ogden, la station de Salt Lake City. L'équipe visite la ville, peu enthousiasmante. Passepartout plaint les maris mormons qui ont plusieurs femmes à charge. Ils retournent au train, un homme court après et parvient à y monter *in extremis*, suite à une querelle de ménage. Lorsque Passepartout lui demande combien il a de femmes il s'exclame : « Une, et c'était assez ! »

XXVIII – Dans lequel passepartout ne put parvenir à faire entendre le langage de la raison

Le train continue sa route, atteint les montagnes rocheuses. À la station de Green-River, Mrs. Aouda aperçoit le colonel Proctor monter à bord, elle en avertit Fix et Passepartout. Décision est prise de tout faire pour éviter que Fogg ne revoit cet homme. Ils récupèrent donc des cartes et lui proposent de jouer au whist, ce qu'il accepte. Alors que les montagnes Rocheuses touchent à leur fin le train s'arrête : le pont qu'il doit franchir menace de s'écrouler. Les américains, sur une suggestion du mécanicien, acceptent quand même de lancer le train à grande vitesse pour parvenir à passer, au lieu de marcher six heures dans la neige. Passepartout, qui voulait suggérer de faire d'abord passer à pied les passagers, puis le train, ne parvient pas à se faire entendre de ces gens pour qui la prudence est ridicule. La manœuvre réussit, néanmoins le pont s'effondre juste après le passage

XXIX – Où il sera fait le récit d'incidents divers qui ne se rencontrent que sur les rails-roads de l'Union

Le colonel Proctor vient perturber la partie de whist, Fogg maintient son désir de l'affronter en duel. Ils ne peuvent le faire lors de l'arrêt à la gare à cause d'un retard, aussi leur est-il proposé de s'affronter seuls dans le wagon de queue. Au moment où ils s'y apprêtent et que le train repart, une bande de sioux attaque le train. Les deux duellistes rejoignent les autres passagers pour repousser l'attaque. Le seul espoir est d'arrêter le train à la prochaine station où réside l'armée, mais le mécanicien est assommé : grâce à ses talents Passepartout se rend au niveau de la locomotive et parvient à la détacher des wagons à proximité de la station. Les sioux décampent, la locomotive continue sa route.

XXX – Dans lequel Phileas Fogg fait tout simplement son devoir

Bilan de l'attaque: le colonel Proctor est blessé et il manque trois personnes, dont Passepartout. Fogg déclare qu'il est de son devoir de les retrouver, prêt à perdre son pari. Il prend la tête d'une trentaine de soldats pour partir à la recherche des malheureux. La journée s'écoule, lugubre et triste ; la locomotive, de retour, emporte les wagons au loin, laissant Fix et Mrs. Aouda dans l'attente. À l'aube une troupe arrive : il s'agit de Fogg, Passepartout et des deux autres personnes enlevées. Le prochain train ne sera pas là avant le soir.

XXXI – Dans lequel l'inspecteur Fix prend très sérieuse-
ment les intérêts de Phileas Fogg

L'agent Fix propose à Fogg de récupérer le temps perdu
grâce à un homme qu'il a croisé dans la journée : Mudge, qui
possède un traineau à voile. Fogg négocie avec l'homme, il
accepte de les emmener à Omaha pour qu'ils puissent prendre
le train. La traversée de la plaine enneigée se déroule comme
un rêve glacial et fantastique. Passepartout se sent presque sur
le point de pardonner à Fix pour l'aide qu'il a ainsi procurée
mais reste malgré tout sur la réserve. Ils arrivent à temps pour
prendre un train à destination de Chicago, et enchainer vers
New-York. Mais une fois arrivés, ils constatent que le bateau
China à destination de Liverpool est parti depuis 45 minutes.

XXXII – Dans lequel Phileas Fogg engage une lutte directe
contre la mauvaise chance

Aucun *steamer* n'est au départ pour Liverpool, ou alors
ils sont trop lents. Fogg choisit d'aviser le lendemain, cependant le pari semble définitivement compromis. Passepartout
culpabilise d'être un frein à l'avancée du projet à cause de
ses erreurs depuis le début. Reposé, Fogg parcourt le port et,
après une âpre négociation, parvient à les faire embarquer
pour le soir même à bord de l'Henrietta, commandé par Andrew Speedy, en partance pour Bordeaux.

XXXIII – Où Phileas Fogg se montre à la hauteur des circonstances

Le 13 décembre, Fogg s'est rendu maitre du navire avec la
complicité de l'équipage afin de rejoindre Liverpool comme

prévu. L'arrivée est chaque jour plus proche, mais le charbon vient à manquer le 18. Fogg fait alors sortir le capitaine de la cabine où il est enfermé et lui achète le navire, afin de pouvoir utiliser le bois qui le compose comme combustible. Appâté par le gain, Andrew Speedy accepte. Le 20, ils parviennent au niveau de Queenstown en Irlande, débarquent et prennent le train pour Dublin, avant d'embarquer à bord d'un *steamer* rapide pour Liverpool. Ils y arrivent le 21 à 11h40, il reste 9h15 pour arriver dans les délais, sachant qu'il en faut 6h pour se rendre à Londres. Dès qu'ils arrivent sur le sol anglais, Fix sort son mandat et déclare qu'il arrête Fogg.

XXXIV – Qui procure à Passepartout l'occasion de faire un jeu de mots atroce, mais peut-être inédit

Pendant que Passepartout se désole de n'avoir jamais averti son maitre des desseins de Fix, Fogg demeure en prison à fixer sa montre, impassible. Le temps file, lorsqu'à 14h33 l'agent, Mrs. Aouda et son domestique arrivent pour lui annoncer que le véritable voleur a été arrêté trois jours auparavant. Fix balbutie avec peine des excuses sur la ressemblance entre Fogg et le larron, mais le gentleman n'en a cure et l'envoie au tapis de deux coups de poing bien mérités. Le train pour Londres est parti depuis 40 minutes, Fogg fait apprêter un train spécial pour combler ce retard. Ayant 5 minutes de retard, il ne se donne même pas la peine de se présenter au Reform-club, déshonoré.

XXXV – Dans lequel Passepartout ne se fait pas répéter deux fois l'ordre que son maître lui donne

Fogg, désormais ruiné, met de l'ordre dans ses affaires, toujours impassible ; Passepartout craint qu'il ne se donne la mort par perte de son honneur. La journée s'écoule dans la crainte d'un éclat funeste. Mrs. Aouda est invitée dans la soirée à le rejoindre dans sa chambre pour discuter de son avenir, elle déclare son amour à Fogg. Celui-ci lui annonce que ces sentiments sont réciproques, il demande à Passepartout de demander au révérend d'organiser la cérémonie. Mrs. Aouda réclame que ce soit lundi.

XXXVI – Dans lequel Phileas Fogg fait de nouveau prime sur le marché

Lorsqu'il est déclaré, le 17, que le voleur n'est pas Phileas Fogg, les paris sur la réussite de son entreprise sont relancés, l'effervescence dans la rue est complète. Réunis au salon du Reform-club, ceux avec qui Fogg avait lancé son pari insensé fixent la pendule avec une tension immense. Peu avant que ne sonne 20h45, l'heure limite, Fogg entre suivi d'une foule en liesse.

XXXVII – Dans lequel il est prouvé que Phileas Fogg n'a rien gagné à faire ce tour du monde, si ce n'est le bonheur

En vérité, en se déplaçant d'est en ouest Fogg a gagné 24h durant son périple, il a donc gagné son pari et conservé sa fortune, bien qu'amputée des frais du voyage. Il se marie le lundi comme prévu, avec Passepartout comme témoin de Mrs. Aouda. Finalement, identique à ce qu'il était en partant, il n'a rien gagné à ce voyage si ce n'est une femme qui le rend heureux.

LES RAISONS
DU SUCCÈS

Lorsque Jules Verne publie *Le Tour du monde en quatre-vingt jours* en 1873, il est déjà un auteur bien installé dans le paysage littéraire français depuis une dizaine d'années, notamment grâce à son *Vingt mille lieues sous les mers* (1870) et *Cinq semaines en ballon* (1863). Intronisé parmi les grands grâce à son ami et éditeur Pierre-Jules Hetzel, ses « Voyages Extraordinaires » touchent un lectorat de plus en plus large à la recherche d'histoires dépaysantes et d'aventures alors que le mouvement romantique s'essouffle et cède au réalisme de Flaubert.

Il importe de garder à l'esprit qu'à cette époque les récits de voyage et autres reportages étaient l'un des seuls moyens de dépeindre les missions d'explorations ou de présenter au public des territoires jusque là méconnus. Le genre est donc relativement en vogue, surtout auprès d'une population curieuse de ce qu'elle ne connaît pas et n'aura certainement jamais l'occasion de voir de ses propres yeux. Un livre traitant d'un tour du monde établi en un temps record avait ainsi dès le départ de quoi fasciner le lectorat.

Cela est renforcé par l'existence de récits antérieurs aux intitulés semblables de *Voyage autour du monde*. Jacques Arago, ami de Jules Verne qui lui a donné le goût du récit de voyage, avait ainsi publié un ouvrage sur le tour du monde vingt ans auparavant. D'autres influences sont présentes : le retournement de situation final, qui lui vaut de gagner un jour grâce au trajet d'est en ouest, a déjà été employé par Edgar Allan Poe dans une de ses nouvelles, *La Semaine des trois dimanches*. De même, le personnage de Phileas Fogg aurait été inspiré par l'américain Georges Francis Train, explorateur qui a effectivement accompli un tour du monde en 80 jours deux ans avant la publication en feuilleton du *Tour du monde en quatre-vingt jours*.

Cet ancrage dans le réel de l'époque et dans un paysage littéraire préexistant aident à conférer une consistance au récit, un certain réalisme. Quant à l'aspect course d'obstacles contre la montre, il permet d'intégrer dès le début une tension permanente jusqu'au bout de l'histoire, de manière à susciter la curiosité du lecteur quant à la réussite ou l'échec du projet.

À cela s'ajoute que le roman contient tous les ingrédients qui font le succès et la popularité des œuvres de l'auteur : style clair et concis, découverte d'endroits inexplorés et exotiques, machines puissantes et fantastiques, rebondissements et péripéties nombreuses...

C'est par exemple avec un grand nombre de détails et de chiffres que Jules Verne décrit le parcours de Fogg, ainsi que les divers moyens de locomotion employés. On reconnaît là l'importance du thème du progrès technique dans l'œuvre de l'écrivain, cette volonté de dévoiler au lecteur la manière dont la science s'immisce dans le quotidien pour le transformer. L'objectif est de distraire tout en éduquant, ce qui plait et séduit le public.

Cet aspect caractéristique du roman jeunesse s'intègre particulièrement bien au récit, car la collection des « Voyages Extraordinaires » s'adressait spécifiquement à ce lectorat lors de son lancement. Le coup de maître réside néanmoins dans la possibilité pour le public adulte d'y trouver également une source d'inspiration pour ses propres périples. Le côté merveilleux du récit d'anticipation scientifique joue ainsi pour beaucoup dans l'appréciation des romans de la collection et particulièrement du *Tour du monde en quatre-vingt jours*, car il donne envie de s'identifier aux héros pour vivre des aventures aussi exaltantes.

Il est à noter également que les illustrations ont énormément joué dans l'imagerie vernienne, à tel point qu'aujourd'hui encore celles-ci sont utilisées tant elles font partie de l'identité du roman. Celles, magnifiques, de M.M de Neuville et Benet sur cet ouvrage, ne font pas exception à la règle et ont contribué au succès du livre.

Jamais démenti, le succès de cette œuvre, *Le Tour du monde en quatre-vingt jours*, fait que celle-ci ne cesse d'être rééditée depuis sa publication originelle, et compte parmi les plus connues et les plus lues du grand public encore à l'heure actuelle parmi l'ensemble de l'œuvre de Jules Verne.

LES THÈMES
PRINCIPAUX

Avant toute chose, il convient d'insister sur le fait que *Le Tour du monde en quatre-vingt jours* est un récit de voyage et d'aventure. Ce qui compte n'est dès lors pas tant l'histoire ou la manière dont se déroule le périple que l'état d'esprit de découverte des personnages, afin de stimuler l'imaginaire du lecteur.

Chapitre XI : « Il est opportun de faire connaître quelles pensées occupaient alors l'esprit de Passepartout. Jusqu'à son arrivée à Bombay, il avait cru et pu croire que ces choses en resteraient là. Mais maintenant, depuis qu'il filait à toute vapeur à travers l'Inde, un revirement s'était fait dans son esprit. Son naturel lui revenait au galop. Il retrouvait les idées fantaisistes de sa jeunesse, il prenait au sérieux les projets de son maître, il croyait à la réalité du pari, conséquemment à ce tour du monde et à ce maximum de temps, qu'il ne fallait pas dépasser. »

Dès lors, le but est de susciter l'émerveillement durant la progression de l'intrigue. Pour cela Jules Verne s'appuie sur le genre du récit scientifique d'anticipation : le pari de faire le tour du monde en un temps record est devenu possible uniquement parce que les moyens techniques le permettent désormais. Cela fait directement écho à l'évolution des moyens de transports des débuts de la révolution industrielle, au cours de laquelle fut publié *Le Tour du monde en quatre-vingt jours*. En présentant ainsi la science comme une aide à l'humanité pour se développer, l'auteur la valorise et justifie la course en avant technologique.

De fait, la science est constamment présente dans le récit grâce au rapport entre espace et temps qu'elle entretient. Chaque lieu est décrit comme distant d'un autre à la fois par la distance à parcourir et par le nombre de jours et d'heures à employer pour l'atteindre.

Chapitre XXVI : « "Ocean to Ocean" - ainsi disent les Américains - et ces trois mots devraient être la dénomination générale du "grand trunk", qui traverse les États-Unis d'Amérique dans leur plus grande largeur. Mais, en réalité, le "Pacific rail-road" se divise en deux parties distinctes : "Central Pacific" entre San Francisco et Ogden, et "Union Pacific" entre Ogden et Omaha. Là se raccordent cinq lignes distinctes, qui mettent Omaha en communication fréquente avec New York.
New York et San Francisco sont donc présentement réunis par un ruban de métal non interrompu qui ne mesure pas moins de trois mille sept cent quatre-vingt-six milles. [...] Autrefois, dans les circonstances les plus favorables, on employait six mois pour aller de New York à San Francisco. Maintenant, on met sept jours. »

La place du temps est également renforcée par l'omniprésence de l'observation des montres, ainsi que l'influence des fuseaux horaires dans le retournement final de situation.

Chapitre VIII : « Midi, dit-il. Allons donc ! il est neuf heures cinquante-deux minutes !
- Votre montre retarde, répondit Fix.
- Ma montre ! Une montre de famille , qui vient de mon arrière-grand-père ! Elle ne varie pas de cinq minutes par an. C'est un vrai chronomètre !
- Je vois ce que c'est, répondit Fix. Vous avez gardé l'heure de Londres, qui retarde de deux heures environ sur Suez. Il faut avoir soin de remettre votre montre au midi de chaque pays.
- Moi ! toucher à ma montre ! s'écria Passepartout, jamais !

- Eh bien, elle ne sera plus d'accord avec le soleil.

- Tant pis pour le soleil, monsieur ! C'est lui qui aura tort ! »

Chapitre XXXVII : « En effet, en marchant vers l'est, Phileas Fogg allait au-devant du soleil, et, par conséquent les jours diminuaient pour lui d'autant de fois quatre minutes qu'il franchissait de degrés dans cette direction. Or, on compte trois cent soixante degrés sur la circonférence terrestre, et ces trois cent soixante degrés, multipliés par quatre minutes, donnent précisément vingt-quatre heures, - c'est-à-dire ce jour inconsciemment gagné. En d'autres termes, pendant que Phileas Fogg, marchant vers l'est, voyait le soleil passer quatre-vingts fois au méridien, ses collègues restés à Londres ne le voyaient passer que soixante-dix-neuf fois. C'est pourquoi, ce jour-là même, qui était le samedi et non le dimanche, comme le croyait Mr. Fogg, ceux-ci l'attendaient dans le salon du Reform-Club.

Et c'est ce que la fameuse montre de Passepartout - qui avait toujours conservé l'heure de Londres - eût constaté si, en même temps que les minutes et les heures, elle eût marqué les jours ! »

Enfin, la fascination exercée par les machines modernes s'appuie sur un exposé chiffré de la puissance de celles-ci, aussi bien en terme de capacité que de puissance motrice. Cette manière de présenter une technologie avec une précision d'ingénieur est typique de Jules Verne :

Chapitre XVII : « En effet, les navires de la Compagnie péninsulaire, qui font le service des mers de Chine, ont un sérieux défaut de construction. Le rapport de leur tirant d'eau en charge avec leur creux a été mal calculé, et, par suite, ils n'offrent qu'une faible résistance à la mer. Leur volume, clos, impénétrable à l'eau, est insuffisant. Ils sont « noyés », pour employer l'expression maritime, et, en conséquence de cette disposition, il ne faut que quelques paquets de mer, jetés à bord, pour modifier leur allure.

Ces navires sont donc très inférieurs - sinon par le moteur et l'appareil évaporatoire, du moins par la construction, - aux types des Messageries françaises, tels que l'Impératrice et le Cambodge. Tandis que, suivant les calculs des ingénieurs, ceux-ci peuvent embarquer un poids d'eau égal à leur propre poids avant de sombrer, les bateaux de la Compagnie péninsulaire, le Golgonda, le Corea, et enfin le Rangoon, ne pourraient pas embarquer le sixième de leur poids sans couler par le fond. »

Toutefois le rapport aux sciences exactes ne s'arrête pas là : Phileas Fogg est tout au long du roman présenté comme un homme régenté par les principes scientifiques. Il incarne, si l'on peut dire, une vision de ce que serait l'homme s'il n'était gouverné que par la raison et l'analyse.

Chapitre XVII : « Telle était donc la situation respective de ces deux hommes, et au-dessus d'eux Phileas Fogg planait dans sa majestueuse indifférence. Il accomplissait rationnellement son orbite autour du monde, sans s'inquiéter des astéroïdes qui gravitaient autour de lui. »

Chapitre II : « Il paraissait posséder au plus haut degré ce que les physionomistes appellent "le repos dans l'action", faculté commune à tous ceux qui font plus de besogne que de bruit. »

Malgré le caractère froid et impassible de Phileas Fogg, il n'en véhicule pas moins certaines valeurs morales, roman jeunesse oblige : il est en effet un homme d'honneur qui ne recule devant aucun obstacle lorsqu'il s'agit d'accomplir son devoir.

Chapitre XII : « Tiens ! Mais vous êtes un homme de cœur ! dit Sir Francis Cromarty.

- Quelquefois, répondit simplement Phileas Fogg. Quand j'ai le temps. »

Chapitre XXX : « Mr. Fogg, les bras croisés, restait immobile. Il avait une grave décision à prendre. Mrs. Aouda, près de lui, le regardait sans prononcer une parole... Il comprit ce regard. Si son serviteur était prisonnier, ne devait-il pas tout risquer pour l'arracher aux Indiens ?...

- Je le retrouverai mort ou vivant, dit-il simplement à Mrs. Aouda.

- Ah ! monsieur... monsieur Fogg ! s'écria la jeune femme, en saisissant les mains de son compagnon qu'elle couvrit de larmes.

- Vivant ! ajouta Mr. Fogg, si nous ne perdons pas une minute !

Par cette résolution, Phileas Fogg se sacrifiait tout entier. Il venait de prononcer sa ruine. Un seul jour de retard lui faisait manquer le paquebot à New York. Son pari était irrévocablement perdu. Mais devant cette pensée : "C'est mon devoir !" il n'avait pas hésité. »

Le domestique n'est pas en reste d'ailleurs. Là où Fogg incarne l'honneur et un état d'esprit scientifique, Passepartout, tel le candide de Voltaire, représente lui l'émerveillement que procurent les voyages et la découverte de l'inconnu.

Chapitre X : « Si Passepartout regardait ces curieuses

cérémonies, si ses yeux et ses oreilles s'ouvraient démesurément pour voir et entendre, si son air, sa physionomie était bien celle du "booby" le plus neuf qu'on pût imaginer, il est superflu d'y insister ici. »

Dans un autre registre moral, il représente également le dévouement à l'égard de son maitre, une fidélité absolue vis-à-vis de ce qui peut être considéré comme honorable et digne de respect.

Chapitre XIX : « J'ai filé le sieur Fogg jusqu'ici, mais je n'ai pas encore reçu le mandat d'arrestation, que j'ai demandé à Londres. Il faut donc que vous m'aidiez à le retenir à Hong-Kong...
- Moi ! que je...
- Et je partage avec vous la prime de deux mille livres promise par la Banque d'Angleterre !
- Jamais ! répondit Passepartout, qui voulut se lever et retomba, sentant sa raison et ses forces lui échapper à la fois.
- Monsieur Fix, dit-il en balbutiant, quand bien même tout ce que vous m'avez dit serait vrai... quand mon maître serait le voleur que vous cherchez... ce que je nie... j'ai été... je suis à son service... je l'ai vu bon et généreux... Le trahir... jamais... non, pour tout l'or du monde... Je suis d'un village où l'on ne mange pas de ce pain-là !...
- Vous refusez ?
- Je refuse. »

Pour autant, l'aspect récit de voyage ne se limite pas à l'émerveillement de Passepartout. Jules Verne s'ingénie en effet à relever, à la manière d'un reportage ou d'une enquête ethnologique, à la fois les paysages et l'aspect ou les différents manières de faire des peuples rencontrés. En cela, le personnage du domestique est précieux, car il permet au lecteur de disposer d'un regard proche de celui qu'il aurait s'il voyageait lui-même.

Chapitre XI : « Passepartout, réveillé, regardait, et ne pouvait croire qu'il traversait le pays des Indous dans un train du "Great peninsular railway". Cela lui paraissait invraisemblable. Et cependant rien de plus réel ! La locomotive, dirigée par le bras d'un mécanicien anglais et chauffée de houille anglaise, lançait sa fumée sur les plantations de caféiers, de muscadiers, de girofliers, de poivriers rouges.

La vapeur se contournait en spirales autour des groupes de palmiers, entre lesquels apparaissaient de pittoresques bungalows, quelques viharis, sortes de monastères abandonnés, et des temples merveilleux qu'enrichissait l'inépuisable ornementation de l'architecture indienne. Puis, d'immenses étendues de terrain se dessinaient à perte de vue, des jungles où ne manquaient ni les serpents ni les tigres qu'épouvantaient les hennissements du train, et enfin des forêts, fendues par le tracé de la voie, encore hantées d'éléphants, qui, d'un œil pensif, regardaient passer le convoi échevelé. »

Chapitre XXII : « Cette portion indigène de Yokohama est appelée Benten, du nom d'une déesse de la mer, adorée sur les îles voisines. Là se voyaient d'admirables allées de sapins et de cèdres, des portes sacrées d'une architecture étrange, des ponts enfouis au milieu des bambous et des roseaux, des temples abrités sous le couvert immense et mélancolique des cèdres séculaires, des bonzeries au fond desquelles végétaient les prêtres du bouddhisme et les sectateurs de la religion de Confucius, des rues interminables où l'on eût pu recueillir une moisson d'enfants au teint rose et aux joues rouges, petits bonshommes qu'on eût dit découpés dans quelque paravent indigène, et qui se jouaient au milieu de caniches à jambes courtes et de chats jaunâtres, sans queue, très paresseux et très caressants. »

On relèvera d'ailleurs qu'à l'exception du Japon, toutes les contrées restent affiliées à l'Angleterre et à son Commonwealth : Jules Verne est fasciné par l'empire colonial anglais, cette sorte de village global uni par le colonisateur. Doit-on y voir un prémisse de la mondialisation ? Rien ne permet de l'affirmer, néanmoins la possibilité de se sentir chez soi et à l'étranger simultanément grâce à l'influence mondiale du drapeau britannique semble recueillir ses faveurs.

Chapitre XIX : « Passepartout, les mains dans les poches, se rendit donc vers le port Victoria, regardant les palanquins, les brouettes à voile, encore en faveur dans le Céleste Empire, et toute cette foule de Chinois, de Japonais et d'Européens, qui se pressait dans les rues. A peu de choses près, c'était encore Bombay, Calcutta ou Singapore, que le digne garçon retrouvait sur son parcours. Il y a ainsi comme une traînée de villes anglaises tout autour du monde. »

Cependant cette admiration est tempérée par la dénonciation de la vente d'opium à la Chine par l'Angleterre, qui est présentée comme un véritable empoisonnement délibéré de la population.

Chapitre XIX : « Une trentaine de consommateurs occupaient dans la grande salle de petites tables en jonc tressé. Quelques uns vidaient des pintes de bière anglaise, ale ou porter, d'autres, des brocs de liqueurs alcooliques, gin ou brandy. En outre, la plupart fumaient de longues pipes de terre rouge, bourrées de petites boulettes d'opium mélangé d'essence de rose. Puis, de temps en temps, quelque fumeur énervé glissait sous la table, et les garçons de l'établissement, le prenant par les pieds et par la tête, le portaient sur le lit de camp près d'un confrère. Une vingtaine de ces ivrognes étaient ainsi rangés côte à côte, dans le dernier degré d'abrutissement.

Fix et Passepartout comprirent qu'ils étaient entrés dans une tabagie hantée de ces misérables, hébétés, amaigris, idiots, auxquels la mercantile Angleterre vend annuellement pour deux cent soixante millions de francs de cette funeste drogue qui s'appelle l'opium ! Tristes millions que ceux-là, prélevés sur un des plus funestes vices de la nature humaine.

Le gouvernement chinois a bien essayé de remédier à un tel abus par des lois sévères, mais en vain. De la classe riche, à laquelle l'usage de l'opium était d'abord formellement réservé, cet usage descendit jusqu'aux classes inférieures, et les ravages ne purent plus être arrêtés. On fume l'opium partout et toujours dans l'empire du Milieu. Hommes et femmes s'adonnent à cette passion déplorable, et lorsqu'ils sont accoutumés à cette inhalation, ils ne peuvent plus s'en passer, à moins d'éprouver d'horribles contractions de l'estomac. Un grand fumeur peut fumer jusqu'à huit pipes par jour mais il meurt en cinq ans. »

Pour terminer, on constatera le retour de la figure très vernienne de la jeune femme mariée contre son gré à travers le personnage de Mrs. Aouda. Si l'intrigue sentimentale n'est que peu développée et reste un aspect secondaire du récit, ce que les admirateurs de l'auteur ont nommé le « complexe d'Herminie » est bel et bien présent et permet d'offrir à la fin – somme toute assez neutre – un aspect positif.

Chapitre XIII : « Ce brave Indou donna alors quelques détails sur la victime. C'était une Indienne d'une beauté célèbre, de race parsie, fille de riches négociants de Bombay. Elle avait reçu dans cette ville une éducation absolument anglaise, et à ses manières, à son instruction, on l'eût crue Européenne. Elle se nommait Aouda.

Orpheline, elle fut mariée malgré elle à ce vieux rajah du Bundelkund. Trois mois après, elle devint veuve. Sachant le sort qui l'attendait [le suty, sacrifice rituel], elle s'échappa, fut reprise aussitôt, et les parents du rajah, qui avaient intérêt à sa mort, la vouèrent à ce supplice auquel il ne semblait pas qu'elle pût échapper. »

Jules Verne, en plaçant *Le Tour du monde en quatre-vingt jours* sous le signe du dépassement de soi, des limites techniques et la création de personnages attachants, signe ainsi l'un de ses plus grands romans d'aventure. Pour ne pas dire l'un des meilleurs ouvrages du genre.

ÉTUDE DU MOUVEMENT LITTÉRAIRE

Jules Verne est l'un des plus grands écrivains de romans d'anticipation scientifique encore à l'heure actuelle. On lui attribue souvent la paternité du genre, ce qui est loin d'être erroné lorsque l'on constate à quel point son œuvre a eu une influence majeure par la suite. La science-fiction moderne est notamment issue de cette base, de cette imbrication entre anticipation scientifique et récit de voyage imaginaire qu'il a employée dans ses ouvrages.

Au XIXe siècle, il existait trois manières de représenter la réalité :
- Le réalisme, qui reproduit les objets et les lois du réel.
- Le fantastique, qui nie ponctuellement certaines caractéristiques du réel.
- L'anticipation, qui extrapole et prolonge certaines données du réel.

L'objectif du roman d'anticipation est donc un moyen d'imaginer la vie du futur en se basant sur les découvertes du présent. Pour ce faire, Jules Verne s'appuie sur les découvertes scientifiques de son temps, que ce soit en physique, biologie ou encore en mécanique, etc. afin de fournir un ensemble cohérent à ses œuvres. Il s'attache à ce que les inventions et machines merveilleuses qu'il imagine soient réalistes, plausibles et potentiellement développables.

Jules Verne n'est cependant pas le seul auteur a avoir abordé ce type de récits. Néanmoins, là où lui s'attachait à placer les découvertes scientifiques dans le cadre de voyages extraordinaires, ses successeurs empruntèrent souvent une autre voie.

Herbert Georges Wells (1866-1946), bien qu'influencé par Verne, dériva notamment vers une science fantaisiste, qui part du principe que la science a bel et bien réussi à trouver un moyen de produire l'objet du roman (ex : *La Machine à explorer le temps*, *L'Homme invisible*), sans se soucier de la nécessité de la justification scientifique. Il en profite pour développer des créatures (les extraterrestres de *La Guerre des mondes*) et des sociétés étrangères à ce qui est connu (les Morlocks de *La Machine à explorer le temps*).

Maurice Renard (1875 – 1939) lui emboite le pas avec le merveilleux scientifique. Dans ses roman, la science devient source de malaise et d'horreur à cause de ses excès potentiels. Avec lui se popularise la figure du savant fou grâce au roman *Le Docteur Lerne* (1908).

Avec le temps, on constate une divergence entre les auteurs anglo-saxons et les français. Les premiers ont une approche positive et glorificatrice de la science toute puissante, même si elle soulève des perspectives angoissantes, tandis que les seconds construisent des avenirs dévastés où règne un pessimisme systématique (Barjavel, Spitz…) et où sont dénoncés les excès de la science. Mais dans les deux cas, l'être humain finit par représenter une anomalie au sein du monde naturel : il faut avant tout s'efforcer de ne pas perdre de vue l'humanisme.

On retrouve là un écho au *Frankenstein ou le Prométhée Moderne* (1818) de Mary Shelley, souvent considéré comme le premier véritable livre de science-fiction : la morale du « science sans conscience n'est que ruine de l'âme » (Rabelais) est devenue l'un des moteurs de l'exploration du futur.

L'entre-deux guerres est le point d'orgue du roman d'anticipation, avant que lentement le genre ne s'efface et soit remplacé par la science-fiction à partir des années 1950.

DANS LA MÊME COLLECTION
(par ordre alphabétique)

- **Anonyme**, *La Farce de Maître Pathelin*
- **Anouilh**, *Antigone*
- **Aragon**, *Aurélien*
- **Aragon**, *Le Paysan de Paris*
- **Austen**, *Raison et Sentiments*
- **Balzac**, *Illusions perdues*
- **Balzac**, *La Femme de trente ans*
- **Balzac**, *Le Colonel Chabert*
- **Balzac**, *Le Lys dans la vallée*
- **Balzac**, *Le Père Goriot*
- **Barbey d'Aurevilly**, *L'Ensorcelée*
- **Barbey d'Aurevilly**, *Les Diaboliques*
- **Bataille**, *Ma mère*
- **Baudelaire**, *Les Fleurs du Mal*
- **Baudelaire**, *Petits poèmes en prose*
- **Beaumarchais**, *Le Barbier de Séville*
- **Beaumarchais**, *Le Mariage de Figaro*
- **Beauvoir**, *Mémoires d'une jeune fille rangée*
- **Beckett**, *Fin de partie*
- **Brecht**, *La Noce*
- **Brecht**, *La Résistible ascension d'Arturo Ui*
- **Brecht**, *Mère Courage et ses enfants*
- **Breton**, *Nadja*
- **Brontë**, *Jane Eyre*
- **Camus**, *L'Étranger*
- **Carroll**, *Alice au pays des merveilles*
- **Céline**, *Mort à crédit*
- **Céline**, *Voyage au bout de la nuit*

- **Chateaubriand**, *Atala*
- **Chateaubriand**, *René*
- **Chrétien de Troyes**, *Perceval*
- **Cocteau**, *Les Enfants terribles*
- **Colette**, *Le Blé en herbe*
- **Corneille**, *Le Cid*
- **Crébillon fils**, *Les Égarements du cœur et de l'esprit*
- **Defoe**, *Robinson Crusoé*
- **Dickens**, *Oliver Twist*
- **Du Bellay**, *Les Regrets*
- **Dumas**, *Henri III et sa cour*
- **Duras**, *L'Amant*
- **Duras**, *La Pluie d'été*
- **Duras**, *Un barrage contre le Pacifique*
- **Flaubert**, *Bouvard et Pécuchet*
- **Flaubert**, *L'Éducation sentimentale*
- **Flaubert**, *Madame Bovary*
- **Flaubert**, *Salammbô*
- **Gary**, *La Vie devant soi*
- **Giraudoux**, *Électre*
- **Giraudoux**, *La Guerre de Troie n'aura pas lieu*
- **Gogol**, *Le Mariage*
- **Homère**, *L'Odyssée*
- **Hugo**, *Hernani*
- **Hugo**, *Les Misérables*
- **Hugo**, *Notre-Dame de Paris*
- **Huxley**, *Le Meilleur des mondes*
- **Jaccottet**, *À la lumière d'hiver*
- **James**, *Une vie à Londres*
- **Jarry**, *Ubu roi*
- **Kafka**, *La Métamorphose*
- **Kerouac**, *Sur la route*
- **Kessel**, *Le Lion*

- **La Fayette**, *La Princesse de Clèves*
- **Le Clézio**, *Mondo et autres histoires*
- **Levi**, *Si c'est un homme*
- **London**, *Croc-Blanc*
- **London**, *L'Appel de la forêt*
- **Maupassant**, *Boule de suif*
- **Maupassant**, *Le Horla*
- **Maupassant**, *Une vie*
- **Molière**, *Amphitryon*
- **Molière**, *Dom Juan*
- **Molière**, *L'Avare*
- **Molière**, *Le Malade imaginaire*
- **Molière**, *Le Tartuffe*
- **Molière**, *Les Fourberies de Scapin*
- **Musset**, *Les Caprices de Marianne*
- **Musset**, *Lorenzaccio*
- **Musset**, *On ne badine pas avec l'amour*
- **Perec**, *La Disparition*
- **Perec**, *Les Choses*
- **Perrault**, *Contes*
- **Prévert**, *Paroles*
- **Prévost**, *Manon Lescaut*
- **Proust**, *À l'ombre des jeunes filles en fleurs*
- **Proust**, *Albertine disparue*
- **Proust**, *Du côté de chez Swann*
- **Proust**, *Le Côté de Guermantes*
- **Proust**, *Le Temps retrouvé*
- **Proust**, *Sodome et Gomorrhe*
- **Proust**, *Un amour de Swann*
- **Queneau**, *Exercices de style*
- **Quignard**, *Tous les matins du monde*
- **Rabelais**, *Gargantua*
- **Rabelais**, *Pantagruel*

- **Racine**, *Andromaque*
- **Racine**, *Bérénice*
- **Racine**, *Britannicus*
- **Racine**, *Phèdre*
- **Renard**, *Poil de carotte*
- **Rimbaud**, *Une saison en enfer*
- **Sagan**, *Bonjour tristesse*
- **Saint-Exupéry**, *Le Petit Prince*
- **Sarraute**, *Enfance*
- **Sarraute**, *Tropismes*
- **Sartre**, *Huis clos*
- **Sartre**, *La Nausée*
- **Senghor**, *La Belle histoire de Leuk-le-lièvre*
- **Shakespeare**, *Roméo et Juliette*
- **Steinbeck**, *Les Raisins de la colère*
- **Stendhal**, *La Chartreuse de Parme*
- **Stendhal**, *Le Rouge et le Noir*
- **Verlaine**, *Romances sans paroles*
- **Verne**, *Cinq semaines en ballon*
- **Verne**, *Une ville flottante*
- **Verne**, *Voyage au centre de la Terre*
- **Vian**, *J'irai cracher sur vos tombes*
- **Vian**, *L'Arrache-cœur*
- **Vian**, *L'Écume des jours*
- **Voltaire**, *Candide*
- **Voltaire**, *Micromégas*
- **Zola**, *Au Bonheur des Dames*
- **Zola**, *Germinal*
- **Zola**, *L'Argent*
- **Zola**, *L'Assommoir*
- **Zola**, *La Bête humaine*
- **Zola**, *Nana*
- **Zola**, *Pot-Bouille*

CPSIA information can be obtained
at www.ICGtesting.com
Printed in the USA
BVHW060014121121
621277BV00004B/101

9 782759 310449